할머니가 물려주신 요리책

진달래화전과 목련차 ✤ 느티떡 ✤ 잡채와 비빔밥 ✤ 할머니의 부엌 • 도구들

호박꽃탕 🌶 구절판과 수박화채 🌶 과실편 🌶 할머니의 부엌 • 양념들

송편 🌰 섭산적 🌰 매작과 🌰 할머니의 부엌 • 음식 달력

김치 ◆ 떡볶이와 장 담그기 ◆ 만두와 만둣국 ◆ 할머니의 부엌 • 밑반찬들

이야기 할머니 김숙년

1934년, 조선 23대 순조의 둘째 따님인 복온공주의 시댁 가문에서 태어났어요.
할머니는 증조부모님, 조부모님, 부모님까지 4대에 걸쳐 40여 명이 대가족을 이룬 집안에서 자랐어요.
대대로 서울에서 살아온 양반가와 왕가의 풍습이 어우러진 전통 예절과 문화를 몸으로 익혔지요.
할머니 댁은 식구도 많고 집안의 크고 작은 행사가 끊이지 않아 항상 부엌이 분주했어요. 할머니는
어머니를 따라 요리를 시작하면서 자연스럽게 집안에서 오랫동안 내려오던 요리법을 물려받았어요.
지금 할머니는 우리나라 요리연구가들이 가장 배우고 싶어 하는 한국 전통요리 선생님이에요.
낸 요리책으로 〈김숙년의 600년 서울 음식〉〈105가지 김치〉〈맛깔난 서울 반찬〉 등이 있어요.

글 김익선

중앙대학교 문예창작학과를 졸업하고 그림책을 기획 편집하고 있어요. 김숙년 할머니를 여러 차례 인터뷰하며
우리나라 전통 요리와 음식에 대해 관심을 갖게 되었어요. 이 책을 쓴 뒤, 김숙년 할머니가 알려주신 요리법에 따라
음식을 만들고 사람들과 나눠 먹는 것이 가장 즐거운 일이 되었어요.

그림 김효순

서울대학교 미술대학 응용미술과를 졸업했고, 영국 킹스턴 대학 일러스트레이션 과정
(Kingston University MA illustration)을 수료했어요. 웅진출판에서 그래픽 디자이너로 일했으며,
일러스트레이터로 오랫동안 활동했어요. 그린 책으로 〈빨강 파랑 노랑 도깨비〉〈나랑 놀자〉
〈장난꾸러기 먹보 뱀〉〈뒤죽박죽 도깨비〉 등이 있어요. 최근에는 민화 작업과 일러스트 작업을 함께 하고 있어요.
이번 그림책 역시 민화적 소재와 전통 채색화의 기법으로 우리나라의 전통 요리와 문화를 섬세하게 그리려고 노력했어요.

할머니가 물려주신 요리책

1판 1쇄 발행 2013년 11월 28일 | **1판 11쇄 발행** 2024년 3월 20일

이야기 할머니 김숙년 | **글** 김익선 | **그림** 김효순
기획편집 요술조약돌 조은숙 | **디자인** 나비 | **제작** 웅진홀딩스 | **스캔** 공간
펴낸곳 장영 | **펴낸이** 윤장영
주소 우)13590 경기도 성남시 분당구 황새울로 335번길 10, 멜로즈프라자 550호 | **출판등록** 제300-2011-105호
홈페이지 www.jangyoungbooks.com | **전화** 031)373-8537 | **팩스** 031)373-8536 | **e-mail** editor2822@naver.com

김숙년·김익선·김효순 ©2013
ISBN 978-89-98110-31-4 77810

이 책의 글과 그림은 저작권법에 의하여 보호받는 저작물입니다. 잘못 만들어진 책은 구입하신 곳에서 바꾸어 드립니다.
'장영'은 어른도 함께 즐길 수 있는 책을 만들고자 합니다.

이 도서의 국립중앙도서관 출판시도서목록(CIP)은 e-CIP홈페이지(http://www.nl.go.kr/ecip)와
국가자료공동목록시스템(http://www.nl.go.kr/kolisnet)에서 이용하실 수 있습니다.(CIP제어번호:CIP2013023365)

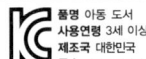

품명 아동 도서	제조년월 2024년 3월 20일	주의사항 종이에 베이거나 긁히지 않도록 조심하세요.
사용연령 3세 이상	제조자명 장영	책 모서리가 날카로우니 던지거나 떨어뜨리지 마세요.
제조국 대한민국	연락처 031)373-8537	KC마크는 이 제품이 공통안전기준에 적합하였음을 의미합니다.
주소 경기도 성남시 분당구 황새울로 335번길 10, 멜로즈프라자 550호		

할머니가 물려주신 요리책

이야기 할머니 **김숙년**
글 **김익선**
그림 **김효순**

소꿉놀이하듯 요리를 시작해요

어렸을 적 부엌에서 달그락달그락하는 소리가 들리면
나는 얼른 부엌으로 달려갔단다.
거기선 어머니께서 음식을 만드느라 바쁘게 움직이고 계셨지.
나는 광, 장독대, 부엌으로 어머니를 종일 따라다녔어.
계절이 바뀔 때마다 요술을 부리듯
가지가지 음식들을 뚝딱 만드시는 어머니의 솜씨가 참 신기했지.
그래서 할머니의 어린 시절은 어머니로부터 물려받은 음식에 대한 추억들로 가득해.
어머니께서 정성을 담아 만들어 주신 음식 맛도 너무 그리워.
지금부터 할머니가 이 이야기들을 하나씩 들려줄게.
잘 들어 봐.

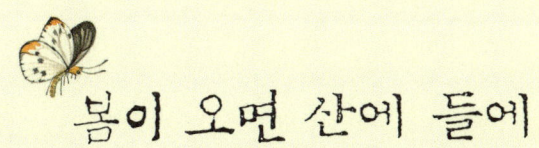

봄이 오면 산에 들에

봄 소식은 바람이 가장 먼저 전해 준단다.
바람이 산에 들에 피어나는 꽃향기를 가득 실어 오거든.
푸릇푸릇 봄나물을 캐러 산으로 들로 돌아다니다
집으로 돌아오면 밥상에 싱그러운 봄 음식이 올라와 있었단다.

진달래화전과 목련차
느티떡
잡채와 비빔밥

진달래화전과 목련차에 가득한 봄꽃 향기

봄이 오면 두근두근 설레는 마음으로 꽃놀이를 갔어.
산과 들을 분홍빛으로 물들인 진달래에 온통 마음을 빼앗기고,
곱고 뽀얀 목련꽃을 보느라 해가 지는 줄도 몰랐지.
집으로 돌아와야 했을 땐 못내 아쉬워서 꽃송이들을 조금씩 따왔어.
진달래를 얹어 화전을 만들고, 목련꽃을 우려 차를 만들면
예쁜 봄꽃 향기를 입 안 가득 머금을 수 있었단다.

진달래화전 찹쌀가루, 진달래꽃, 꿀 또는 설탕

- 진달래꽃의 꽃술을 떼어 내요.
- 진달래꽃을 물에 2~3번 정도 살살 씻은 다음 물기를 없애요.
- 찹쌀가루를 반죽한 뒤, 동글납작하게 빚어요.
- 팬에 반죽을 지지다가 한쪽이 투명해지면 뒤집어요.
- 뒤집은 쪽에 진달래꽃을 얹어 붙여요.
- 화전이 봉긋하게 부풀면 접시에 옮겨 담고 꿀이나 설탕을 뿌려요.

은은한 봄 향기가 나는 목련차

목련꽃을 흐르는 물에 씻은 다음, 팔팔 끓여 식힌 물에 띄우면 목련차가 된단다. 화전과 함께 먹으면 잘 어울리지.

느티떡으로 하는 봄맞이

할머니가 살던 동네에는 커다란 느티나무가
있었어. 느티나무는 봄에 새 잎을 피운단다.
바람에 살랑살랑 흔들리는 어린 연둣빛 잎을 따다가
따뜻한 김이 폭폭 피어오르는 느티떡을 쪘어.
옛 사람들은 향긋하니 씹는 맛이 좋은 느티떡을
나눠 먹으며 싱그러운 봄을 맞이했단다.

느티떡
느티나무 잎, 멥쌀가루, 팥

- 설탕물을 섞은 멥쌀가루를 체에 내려 떡가루를 만들어요.
- 떡가루에 느티나무 잎을 넣고 섞어요.
- 팥은 삶아서 체에 내려 고물로 만들어요.

- 찜통(시루)에 젖은 면 보자기를 깔아요.
- 팥고물, 떡가루, 팥고물 순서로 얹어 안쳐요.

- 찜통 뚜껑을 덮고 20~30분 정도 쪄요.
- 나무젓가락을 꽂아 보아 떡가루가 묻어나지 않으면 불을 끄고 뜸을 들여요.
- 찜통을 엎어서 면 보자기를 떼어 내요.

정성이 깃든 잔치 음식, 잡채

할머니는 어릴 적에 잔칫날을 손꼽아 기다렸어.
상다리가 휘청할 만큼 온갖 음식을 풍성하게 만들었거든.
할머니는 그중에서 잡채를 무척 좋아했어.
어머니의 손맛과 정성이 가득 들어간 잡채 때문에
잔칫날이 더욱 기다려졌단다.

잡채

당면, 달걀, 표고버섯, 목이버섯, 오이, 꽈리고추, 시금치, 쇠고기, 잣가루

- 당면을 미지근한 물에 담가 불려요.
- 달걀을 부쳐 지단을 만들어요.
- 손질한 표고버섯과 목이버섯, 오이, 꽈리고추를 각각 팬에 살짝 볶아요.
- 시금치는 데쳐서 양념을 넣고 무쳐요.
- 쇠고기는 채 썰어 양념을 해서 볶아요.
- 당면을 삶아 진간장을 넣어 고루 무치고 살짝 볶아요.
- 큰 그릇에 버섯, 오이, 꽈리고추, 시금치, 쇠고기, 달걀지단을 모두 넣고 버무려요.
- 잣가루를 고명으로 얹어요.

시금치	표고버섯	꽈리고추	오이 쇠고기	당근	당면	목이버섯

잡채 재료로 만드는 비빔밥

잡채에 들어가는 여러 가지 채소와 볶은 쇠고기는 비빔밥의 재료이기도 하단다. 비빔밥은 우리나라 사람들이 좋아하는 음식 중 하나야. 비빔밥을 만드는 방법은 간단해. 잡채를 하고 남은 느타리버섯, 시금치, 볶은 쇠고기 등을 밥 위에 얹고 양념장이나 볶은 고추장을 넣어 고루 섞어. 그런 다음 참기름을 조금 넣어 비비면 뚝딱 비빔밥 한 그릇이 완성돼. 비빔밥을 비빌 때 젓가락을 똑바로 세워서 비비면 밥알이 으깨지지 않으면서 나물도 엉키지 않게 고루 섞을 수 있어서 좋아.

● 할머니의 부엌

다기 차를 담고 마시는 데 써요.

약탕기 약물을 담거나 약을 달일 때 쓰는 질그릇이에요.

종지 상 위에 놓을 간장, 고추장 등을 담을 때 써요.

똬리 짐을 일 때 머리에 받침으로 써요.

음식을 만들 때 쓰는 도구들

부엌에는 여러 가지 요리 도구들이 있어요.
할머니처럼 요리를 잘하려면 요리 도구들의 쓰임을
잘 알고 조심해서 다룰 수 있어야 해요.

뚝배기 찌개를 끓이거나 조림을 할 때 써요.

옹솥 밥을 짓거나 국을 끓이는 데 써요.

시루 떡을 찔 때 써요.

떡살 떡의 모양과 무늬를 찍어 내는 데 써요.

가마솥 밥을 짓거나 물을 끓일 때 써요.

주걱 밥을 풀 때 써요.

번철 부침개나 지짐을 할 때 써요.

쟁개비 음식물을 끓이거나 삶을 때 쓰는 작은 냄비에요.

프라이팬 볶고, 굽고, 튀기는 데 써요.

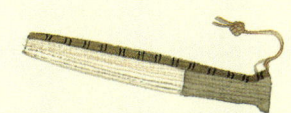

여름이 되면, 상큼하고 달콤하게

할머니는 어렸을 때 모시로 만든 옷을 입고 여름을 보냈어.
모시옷은 색깔도 곱고, 바람도 솔솔 통해서 시원했지.
햇볕 뜨거운 날에는 평상에 앉아 수박, 포도 같은 과일을 먹고
비가 내리는 날에는 처마 밑에서 소꿉놀이를 했어.
여름날은 무더웠지만,
언제나 하루가 더 길었으면 하고 아쉬워했단다.

호박꽃탕
구절판과 수박화채
과실편

호박꽃탕으로 하는 여름 꽃 잔치

장마가 끝날 무렵이면 담장의 넝쿨에는 물기를 머금고 피는 꽃이 있어.
바로 호박꽃이야. 호박꽃은 담장을 노랗게 물들이며 화사하게 피어
지나는 사람들에게 반갑게 인사를 한단다.
할머니는 아직 덜 핀 꽃봉오리를 톡톡 따다가 꽃탕을 끓이곤 했어.
연못에 연꽃이 동동 떠오르듯 장국에 호박 꽃봉오리가 동동 떠오른
호박꽃탕으로 할머니는 여름 꽃 잔치를 벌였단다.

호박꽃탕 🌼 호박꽃 8송이, 쇠고기, 표고버섯, 느타리버섯, 실파, 밀가루, 달걀

- 호박꽃을 씻어 손질해요.
  - 손질한 쇠고기와 버섯을 양념해 소를 만들어요.
  - 호박꽃 안쪽에 밀가루를 바르고 소를 넣어요.

- 소금에 절인 실파로 꽃잎을 묶어 주머니 모양으로 만들어요.
  - 다시 밀가루를 묻히고 달걀을 풀어서 씌워요.
- 냄비에 장국을 붓고, 호박꽃을 띄워 끓여요.

아홉 가지 빛깔을 담은 구절판

여름에 옛 사람들이 입었던 시원하고 색깔 고운 모시옷만큼
보기만 해도 시원해지고 빛깔도 고운 음식이 있어.
바로 구절판이야. 하양, 노랑, 초록, 검정, 빨강 등
여러 가지 빛깔의 음식을 밀전병에 싸 먹어.
아홉 칸 그릇에 아홉 가지 색깔로 채워 진
구절판은 보기만 해도 침이 꿀꺽
넘어갔단다.

구절판에 곁들여 먹는 수박화채
손이 많이 가는 구절판을 만들면, 땀방울이 송골송골 맺히곤 해.
이때 수박화채를 만들어 먹어 보렴. 수박화채를 만드는 방법은 간단해.
먼저 물에 설탕과 꿀을 넣고 끓여. 이 물이 식으면, 동글동글하게 떠낸
수박과 잘게 부순 얼음을 같이 넣으면 돼. 사각사각 씹히는 수박과
달콤하면서 시원한 화채 국물이 금방 더위를 물러나게 한단다.

구절판 쇠고기, 표고버섯, 석이버섯, 숙주, 오이, 당근, 달걀, 밀가루, 잣가루, 겨자초장, 초간장

- 밀가루로 묽게 반죽을 만들어요.
- 쇠고기를 가늘게 채 썰어 양념해서 볶아요.
- 달걀은 노른자와 흰자를 따로 나눠 부쳐 지단을 만들어요.
- 표고버섯과 석이버섯을 양념해서 볶아요.
- 오이는 채 썰고 당근, 숙주를 손질해 각각 소금물에 데쳐서 살짝 볶아요.
- 밀전병을 부쳐서 겹치지 않게 놓아 식혀요.

- 구절판 가운데에 밀전병을 차곡차곡 담으면서 그 사이사이에 잣가루를 뿌려요.
- 준비한 8가지 재료를 구절판에 빙 둘러 담아요.
- 겨자초장과 초간장을 종지에 담아요.

과실편으로 보내는 여름밤

할머니는 어렸을 때 잠이 오지 않으면 어른들을 졸라 얘기를 듣곤 했어.
무더위를 잊을 만큼 오싹한 도깨비, 귀신 얘기에 쏙 빠져들었지.
그러다 간식으로 과실편을 쑥 내미는 손길에 깜짝 놀라서 소리를 지르곤 했어.

과실편 앵두, 포도, 살구, 녹말물, 설탕, 배

- 앵두를 으깨지지 않도록 가볍게 흔들어 가며 씻어요.
- 포도를 알알이 떼어 씻어요.
- 살구를 깨끗이 씻어요.

한바탕 웃고 나서 먹는 야들야들한
과실편은 더욱 상큼해서
여름밤 더위를 싹 잊을 수 있었단다.

- 녹말에 물을 부어 녹말물을 만들어요.
- 각 과즙에 설탕과 소금, 녹말물을 넣어 약한 불에서 졸여요.
- 졸인 과즙을 그릇에 쏟아 굳힌 다음 네모나게 썰면 과실편이 돼요.

- 배를 과실편 크기로 썰어 접시에 담아요.
- 배 위에 과실편을 얹은 뒤 앵두알로 예쁘게 꾸며요.

음식 맛을 살리는 양념들

할머니의 부엌 찬장에는 여러 가지 양념들이 있어요.
할머니가 음식을 맛있게 요리할 수 있는 비밀은
이 양념들 속에도 숨어 있어요.

미역 다시마 멸치

고춧가루 후추 깨소금 식초

가을이 되면, 구수하고 고소하게

세상이 울긋불긋 물들고, 귀뚜라미가 귀뚤귀뚤
노래하기 시작하면 가을이 온단다.
옛 사람들은 잘 익은 과일이랑 벼를
거두는 가을걷이로 하루를 바쁘게 보냈어.
툭툭 떨어진 밤송이 껍질과 낙엽을 갈퀴로 긁어모아
군불을 때면 구수한 냄새가 사방으로
스며들면서 가을이 깊어 갔단다.

송편
섭산적
매작과

송편에 가득한 정성과 솔잎 향기

한 해 중 가장 큰 보름달이 뜨는 추석이 오면
씨름판을 벌이고, 가마싸움을 하고,
강강술래를 하는 잔치가 저녁 늦게까지 이어져.
추석에 먹는 송편은 온 식구가 모여서
반달 모양으로 정성스럽게 빚었어. 송편은
솔잎을 깔고 찐다고 해서 붙은 이름이야.
솔잎을 깔면 송편에 쌉싸래한 솔향기가
배어들어 입맛을 돋웠지.
우리는 여러 가지 소를 넣은 송편을 먹으며
추석을 즐겁게 보냈단다.

송편 🍃 멥쌀, 데친 쑥, 녹두, 밤, 풋콩, 깨, 솔잎

- 멥쌀을 빻아 만든 떡가루를 둘로 나눠 반은 흰 반죽을 만들어요.
  - 나머지 떡가루에는 데친 쑥을 다져서 넣은 다음 고루 섞어 쑥 반죽을 만들어요.
  - 녹두, 밤, 콩, 깨로 각각 소를 만들어요.
- 흰 반죽과 쑥 반죽을 밤톨만큼씩 떼어 둥글게 굴려요.
  - 엄지로 가운데를 눌러 살짝 들어가게 한 다음 소를 넣어요.
  - 반죽을 반달 모양이 되게 반으로 접어 가장자리를 꼭꼭 눌러요.
- 찜통에 솔잎을 깔고 송편과 솔잎을 넣고 쪄요.
  - 송편이 익으면 꺼내서 찬물에 재빨리 씻어 소쿠리에 건지고 참기름을 발라요.

석쇠에 구운 섭산적이
달달한 늦가을 저녁상

찬바람이 불면, 할머니는 집에서 곧 다가올 겨울을 준비했단다.
온 가족이 힘을 모아 나무 창살 문에 문풍지를 덧대고, 집을 손보았지.
겨울에 먹을 음식까지 장만한 날 저녁상에는 섭산적이 올라왔어.
달착지근한 섭산적을 먹으며 온 가족이 함께 이야기꽃을 피웠단다.

섭산적 🥬 쇠고기, 두부, 양념장

- 쇠고기의 힘줄을 잘라 내고 곱게 다져요.
  - 두부는 물기를 짠 다음 덩어리가 없도록 곱게 으깨요.
- 다진 쇠고기와 으깬 두부에 양념장을 넣어 주무르면서 치대요.
  - 쇠고기와 두부에 양념이 고르게 배면 한 주먹씩 떼어 동글납작하게 빚어요.
- 납작하게 빚은 고기에 자근자근 칼집을 내요.
  - 석쇠에 고기를 얹어 구워요.

매듭처럼 뒤집고 꼬아 만든 매작과

매작과는 할머니가 어렸을 때 자주 먹던 과자란다.
뒤집혀 배배 꼬인 모양도 재밌고
맛도 고소한 전통 과자야.
할머니는 매작과를 만드는 것도
먹는 것도 무척 좋아했단다.

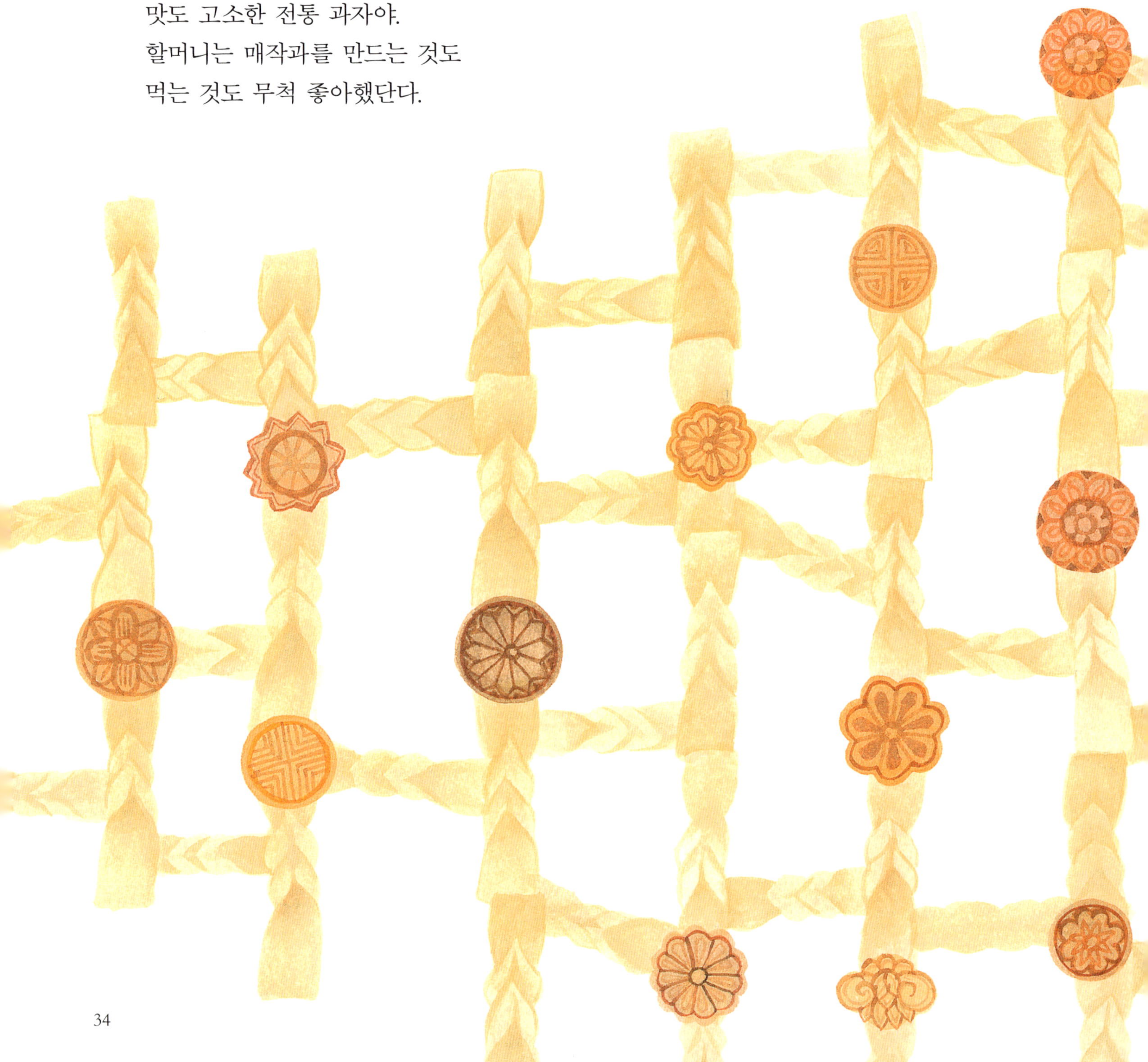

매작과
밀가루, 생강즙, 물, 꿀, 잣가루, 계피가루

- 밀가루에 생강즙과 물을 넣고 반죽해서 얇게 밀어요.
- 얇게 민 반죽을 직사각형 모양으로 잘라요.
- 가운데에 칼집을 세 군데 넣어요.
- 네모난 반죽의 한쪽 끝을 칼집 낸 곳의 사이에 넣고 잡아 빼요.
- 모양낸 반죽을 튀겨서 접시에 담고 꿀과 잣가루나 계피가루를 뿌려요.

할머니의 부엌

특별한 날, 특별한 음식을 만드는 음력 달력

1월 정월 대보름(음력 15일)

첫 보름달이 뜨는 날이에요.
이날 오곡밥과 묵은 나물을 먹으면
여름에 더위를 타지 않고,
부럼을 깨면 부스럼이 나지
않는다고도 해요. 복쌈, 약밥,
팥죽, 원소병 등도 먹어요.

오곡밥과 묵은 나물

2월 중화절(음력 1일)

농사철의 시작을 기념하는
날이에요. 이날은 나이 수만큼
송편을 먹고, 하루를 쉬었어요.
빈대떡, 설렁탕, 이월밥, 노티떡
등을 먹으면서 보내요.

빈대떡

3월 삼짇날(음력 3일)

강남 갔던 제비가 돌아온다는
날이에요. 이날 탕평채를 먹으면
봄에 꾸벅꾸벅 졸음이 오는 걸
막을 수 있다고 해요.
진달래화전, 청면, 애탕,
상추쌈차림 등도 먹어요.

탕평채

4월 초파일(음력 8일)

부처님이 태어난 날이에요.
이날은 고기가 들어가지 않는
음식을 만들어요. 미나리강회,
장미화전, 느티떡, 검은콩
등을 먹어요.

미나리강회

5월 단오(음력 5일)

여름 더위가 시작되는 날이에요.
옛 사람들은 이날 창포로
머리를 감았어요. 수리취떡과
함께 앵두편, 앵두화채, 어알탕,
준치만두, 제호탕 등을 먹어요.

수리취떡

6월 유두(음력 15일)

참외, 수박 등의 햇과일과 햇밀을
거두는 날이에요. 이날 햇밀로
국수를 만들어 닭국물에 말아
먹으면 더위를 덜 타고 장수한다고
해요. 떡수단, 보리수단, 유두면,
구절판, 곰탕 등을 먹어요.

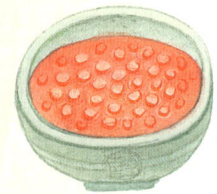

떡수단

7월 칠석
견우와 직녀가 오작교에서 일 년에 한 번 만나는 날이에요. 잉어구이, 게전, 시루떡, 밀전병, 복숭아화채 등을 먹어요. 7월에는 더위에 지친 몸을 달래기 위해 삼계탕 같은 음식을 먹었어요.

삼계탕

8월 추석(음력 15일)
봄부터 가꾼 곡식과 과일들을 수확해 차례를 지내는 날이에요. 이날에는 햅쌀로 지은 쌀밥과 토란탕, 송편, 송이버섯전골 등을 먹어요.

토란탕

9월 중양절(음력 9일)
삼짇날에 왔던 제비가 강남으로 떠나는 날이에요. 이날은 국화전을 만들어 먹고, 단풍놀이를 나가요. 신선로, 너비아니구이, 전어구이, 감국전, 국화화채 등을 먹어요.

신선로

10월 오일
옛 사람들은 10월을 으뜸가는 달이라 여겨 상달이라 했어요. 이달에는 수수부꾸미, 유자화채, 변씨만두 등을 만들어 먹었어요. 음력으로 10월 오일(午日)에는 집집마다 붉은팥을 고물로 한 시루떡을 만들어 고사를 지냈어요.

수수부꾸미

11월 동지
일 년 중 밤이 가장 길고, 낮이 가장 짧은 날이에요. 이날에 나이 수만큼 새알심을 넣은 팥죽을 먹어야 나이 한 살을 더 먹는다고 해요. 팥죽과 함께 전약, 귤, 동치미 등을 먹어요.

팥죽

12월 섣달그믐날(음력 30일)
일 년의 마지막 날이에요. 이날 저녁엔 남은 음식이 해를 넘기지 않도록 음식을 모아서 비벼 먹는 골동반을 만들어요. 또한 잡과병, 각색 전골, 정과, 수정과, 식혜 등을 먹어요.

골동반

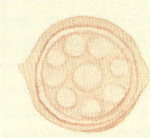

겨울, 짭짤하고 따뜻하게

나뭇가지, 장독대 위에 서리가 내려앉으면 추운 겨울이 시작돼.
옛 사람들은 겨우내 먹을 김장을 하고 콩으로 메주를 쑤었어.
흰 눈이 내린 한겨울, 어른들은 사랑방에 모여 장기를 두고
아이들은 온돌 아랫목 화롯가에 둘러 앉아 놀았어.
따끈따끈한 음식을 먹으며 추운 겨울을 보내다 보면
손꼽아 기다린 설이 어느새 다가왔단다.

김치
떡볶이와 장 담그기
만두와 만둣국

우리 집 김장하는 날

어릴 적 할머니에게 가장 큰 잔칫날은 김장하는 날이었단다.
겨우내 먹을 김치를 담느라 온 가족이 왁자지껄했지.
가족이 모두 모여서 배추, 무를 소금에 절이고,
고춧가루, 파, 마늘, 생강 등 온갖 양념을 손질했어.
몇 날 며칠 담근 김치를 종류별로 김장독에
차곡차곡 넣어 김치 광에 묻고 나면 하루가 뚝딱
지나갔어. 김장을 마친 날, 어머니가 손으로
쭉쭉 찢어 입속에 쏙쏙 넣어 준 김치 맛은
정말 좋았단다.

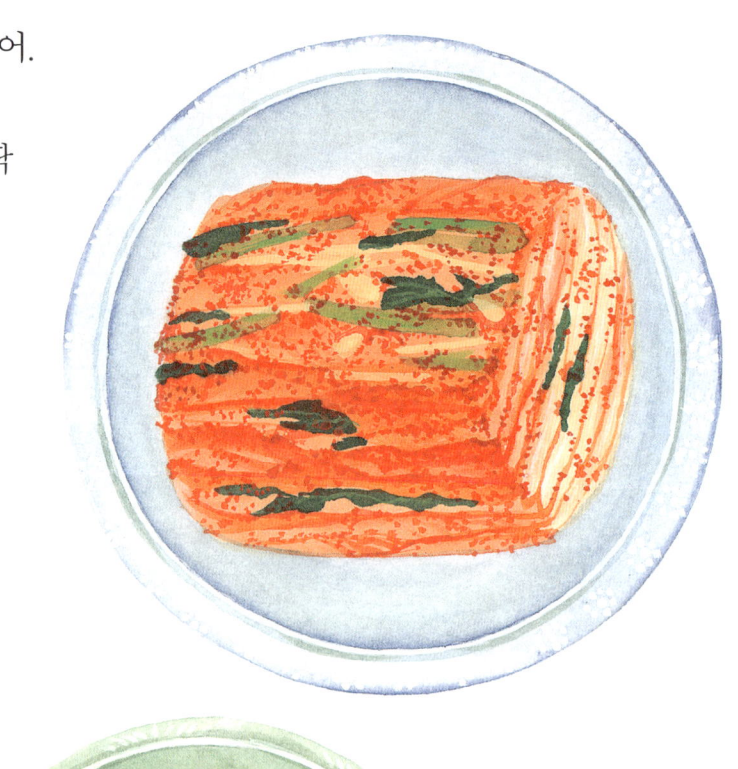

배추김치

🥬 배추, 무, 갓, 미나리, 쪽파, 대파, 다진 마늘, 다진 생강, 새우젓, 황석어젓, 생새우, 고춧가루

- 배추는 겉잎을 떼어 내고 밑동에 칼집을 내어 쪼개요.
- 소금물을 만들어 배추를 절여요.
- 절인 배추를 헹궈 물기를 빼요.
- 무, 미나리, 갓, 쪽파를 손질해서 썰어요.
- 넓은 그릇에 채 썬 무를 넣고 고춧가루를 뿌려 버무려요.
- 남은 채소와 다진 마늘, 생강을 모두 넣고 버무려요.
- 생새우, 새우젓, 황석어젓을 넣고 다시 버무려 소를 만들어요.
- 배춧잎 사이사이에 소를 고르게 펴 넣어요.
- 겉잎으로 감싸 항아리에 담고 이틀 뒤에 김칫국을 만들어 부어요.

김장 날 먹는 별미, 배추속대쌈

속이 튼실한 배추를 반으로 쪼개면 가운데 부분에 노란 어린 잎이 있어. 이걸 배추속대라고 해. 김장날이면 꼭 먹는 음식이 배추속대쌈이야. 소에 조기젓갈이나 황석어젓갈을 송송 썰어 넣어 함께 싸먹는 거지. 아삭아삭하고 고소한 배추속대쌈을 먹으면 김장 담그는 일이 아무리 힘들어도 거뜬히 할 수 있었단다.

간장으로 만든 떡볶이가 짭짤해

요즘 떡볶이는 고추장에 졸여 빨갛고 매콤하지만
할머니가 어릴 적 먹었던 떡볶이는 간장에 볶아 노릇노릇하고 짭짤했단다.
간장은 옛날부터 음식 맛을 낼 때 중요하게 쓰였어.
간장을 만드는 일은 메주를 쑤는 일부터 시작돼.
가마솥에 메주콩을 삶으면 구수한 냄새가 온 집 안에 퍼졌지.
할머니는 그 냄새가 좋아 솥뚜껑을 열고 메주콩을 살짝 떠먹어 보기도 했어.
할머니는 아직도 구수하고 달큼한 맛을 잊을 수 없단다.

떡볶이
🥗 가래떡, 쇠고기, 표고버섯, 목이버섯, 애호박고지, 당근, 양파, 미나리

- • 가래떡을 2~3cm 길이로 잘라 네 쪽을 내요.
- • 조각낸 가래떡을 진간장에 버무려 놓아요.
- • 쇠고기는 곱게 채 썰어 양념장을 조금 넣고 주물러요.
- • 표고버섯과 목이버섯은 미지근한 물에 불려 손질한 뒤 참기름에 볶아요.
- • 당근, 양파, 미나리, 애호박고지를 손질해요.
- • 냄비에 고기를 볶다가 표고버섯과 목이버섯, 당근, 양파, 호박고지를 넣고 양념장으로 볶아요.
- • 떡과 미나리, 나머지 양념장을 넣어서 살짝 볶아요.

음식 맛을 지키는 장 담그기

장을 담그는 일은 한 집안의 음식 맛을 가름하기 때문에 무척 중요했어. 장 담그는 일은 오랜 시간과 노력이 필요해. 먼저 메주콩을 쒀서 메주를 빚어 햇볕에 말린 다음 짚으로 엮어서 띄운단다. 따뜻한 곳에 곰팡이가 생기도록 2~3개월을 놓아두는데, 메주가 잘 뜨면 씻어서 햇볕에 바짝 말려. 메주가 마르면 독에 넣고 소금물을 부은 다음, 붉은 통고추, 참깨, 빨갛게 달군 참숯을 넣어. 3개월쯤 지나면 메주가 동동 떠오르면서 국물이 검게 우러난단다. 이 국물이 바로 간장이야. 된장은 간장을 거르고 남은 메주로 만든단다. 건진 메주를 찧어서 독에 넣고 굵은 소금을 뿌린 뒤 6개월쯤 기다리면 된장이 됐지.

복을 가득 넣어 먹는 만두

새해 첫날인 설날 아침은 바쁘게 시작돼.
일찍 일어나 설빔을 입고, 차례를 드리고,
세배를 다녔어. 그리고 온 가족이 둘러 앉아
만두를 먹었단다. 속에 고기와 채소가
가득 들어 있는 만두는 복주머니를
닮았지. 그래서 만두를 먹으면 복을
많이 받는다고 해. 만두는 설날에
빠지지 않는 음식이었단다.

만두
밀가루, 쇠고기, 표고버섯, 배추김치, 두부, 숙주, 달걀, 육수

- 밀가루를 반죽해 젖은 면 보자기로 싸 두어요.
- 쇠고기는 곱게 다져 놓아요.
- 표고버섯은 물에 불려 채 썰어 볶아 식히고, 김치는 다져서 물기를 꼭 짜요.
- 두부는 면 보자기에 싸 물기를 짜면서 으깨고, 숙주는 소금물에 살짝 데쳐 물기를 짜고 송송 썰어요.
- 손질해 둔 재료들에 양념을 섞고, 달걀을 넣고 주물러 소를 만들어요.
- 밀가루 반죽을 큰 구슬만큼 떼어서 밀대로 밀어 둥글게 만두피를 만들어요.
- 만두피에 소를 밤톨만 하게 떠 얹고, 오므려 주름을 잡으면서 붙여요.
- 육수를 끓여 만두를 넣고, 만두가 동동 떠오를 때까지 끓여요.
- 만두를 건져 그릇에 담고 국물을 부은 다음 초간장과 함께 내놓아요.

촉촉한 만두와 시원한 국물을 즐기는 만둣국
쇠고기를 우려내어 만든 장국에 끓여 먹는 만두는
배추속대와 무를 넣어 만들었어.
배추속대와 무가 맛을 깔끔하게 해 주거든.
또 만두를 빚을 때 양 귀퉁이에 숨구멍을 조금씩 남기고 반달 모양으로
접어 붙였어. 그러면 귀퉁이 사이로 장국이 드나들면서 소가 촉촉했단다.

할머니의 부엌
밥 한 공기를 뚝딱 먹을 수 있는 밑반찬들

봄
- 씨도리장김치
- 백김치
- 얼갈이배추김치
- 달래무침
- 조개젓
- 연근조림

- 다시마튀각
- 새우젓깍두기
- 미역줄기무침
- 오징어채볶음

여름
- 부추김치
- 열무김치
- 오이소박이김치
- 양배추김치
- 가지김치
- 장조림
- 오이지

요리하는 어머니를 따라다녔던 어린아이는 이제 여든을 넘긴 할머니가 되었단다.
하지만 오늘도 부엌에서 다닥다닥 소리를 내며 칼질을 해.
오랜만에 아들딸, 손자손녀들이 찾아왔거든.
부엌에서 음식을 만들고 있으면, 어느새 아이들이 와서 신기한 듯 내 손끝을 보고 있어.
그러다가 호기심 가득한 얼굴로 물어 온단다.
"할머니는 요리를 누구에게 배웠어요?"
그러면 나는 이렇게 답하곤 해.
"할머니가 하는 요리는 모두 어머니께서 물려주신 거란다.
할머니도 너희들에게 물려줄게. 자, 여기 와서 따라 해 볼래?"
아이들의 까르르 웃음소리가 좋아 할머니는 오늘도 달그락달그락 요리를 한단다.

뚝딱뚝딱 조물조물 사계절 요리법

김숙년 할머니의 요리법은 모두 4인 가족을 기준으로 한 것이에요. 계량컵으로 1컵은 250cc 분량이고, 1큰술은 15cc, 1작은술은 5cc 분량이에요.

싱그러운 봄요리 ★★★★★

● 진달래화전

재료 | 찹쌀 1컵, 진달래꽃 20송이, 식용유 3큰술, 꿀 또는 설탕 조금, 물 4큰술, 소금 1/2큰술

1. 찹쌀을 물에 불려 소쿠리에 담아 물기를 쭉 뺀 다음, 곱게 빻아 가루를 낸다.
2. 진달래꽃은 꽃술을 떼고 씻어 물기를 뺀 뒤 마른 면 보자기로 물기를 거둔다.
3. 찹쌀가루에 소금을 넣고 끓인 물을 조금씩 부어 가며 익반죽한 뒤 지름 5cm 정도로 동글납작하게 빚는다.
4. 달군 팬에 기름을 두르고 빚은 찹쌀 반죽을 놓아 투명한 느낌이 나도록 한쪽 면을 지진다. 찹쌀떡을 뒤집어 진달래꽃을 얹은 후 숟가락으로 가운데를 살짝 눌러 붙인다. 꽃을 붙인 다음에는 화전을 뒤집지 않는다.
5. 떡이 약간 부푼 듯이 봉곳하게 올라오면 접시에 옮겨 담고 뜨거울 때 꿀이나 설탕을 뿌린다.

● 목련차

재료 | 목련꽃잎 4장, 물 4컵

1. 목련꽃은 활짝 피기 전의 오므라진 꽃송이를 깨끗한 것으로 따서 흐르는 물에 씻는다.
2. 물을 팔팔 끓여서 잔에 담고 따끈하게 60℃ 정도로 식혀 놓는다.
3. 목련꽃을 띄운다.

● 느티떡

재료 | 느티나무 어린잎 100g, 멥쌀가루 5컵, 소금 1작은술, 설탕물(설탕1/4컵, 물 1/4컵), 고물(껍질을 벗긴 팥, 동부 또는 녹두 4컵, 소금 1/2큰술)

1. 느티나무 어린잎은 연둣빛을 띤 야들야들한 것으로 골라 딴다.
2. 껍질을 벗긴 팥은 하룻밤 물에 불려 깨끗이 씻는다. 면 보자기를 물에 적셔 찜통(혹은 시루에 자른 김이나 무를 썰어 구멍을 막은 후)에 깔고 불린 팥을 30분 정도 찐 후 빻아서 소금을 넣고 체에 내린다.
3. 멥쌀은 깨끗이 씻어 물에 5~6시간 담가 두었다가 소쿠리에 건져 물기를 뺀다. 소금을 넣고 곱게 빻아 설탕물을 섞은 후 쓱쓱 비벼 체에 내린다.
4. 느티나무 잎을 흐르는 물에 씻고 소쿠리에 건져 물기를 뺀다.
5. 떡가루에 느티나무 잎을 넣고 훌훌 섞는다. 찜통에 젖은 면 보자기를 깔고(혹은 시루에) 고물을 고르게 깐 다음 떡가루를 안친다. 다시 고물을 뿌리고 뚜껑을 덮어서 20~30분 정도 찐다.
6. 나무젓가락을 수직으로 꽂아 보아 떡가루가 묻어나지 않으면 다 익은 것이다. 불을 끄고 뜸을 들인 후 목판 등에 엎어서 면 보자기를 떼어 낸다.

● 잡채

재료 | 당면 200g, 달걀 2개, 쇠고기(우둔살) 50g, 표고버섯 30g, 목이버섯 30g, 오이 1개, 시금치 30g, 꽈리고추 10개, 잣가루 조금, 식용유 조금, 전체 양념(진간장 2큰술, 설탕 1과 1/2큰술, 깨소금 1/2큰술, 다진 파 1큰술, 다진 마늘 1작은술, 참기름 1과 1/2큰술, 후춧가루 조금, 실고추 조금), 시금치 양념(다진 마늘 1/2작은술, 다진 파 1/2작은술, 소금 조금), 쇠고기 양념(진간장 1/2큰술, 설탕 1큰술, 깨소금 1작은술, 다진 파 1큰술, 다진 마늘 1작은술, 후춧가루 1/4작은술, 참기름 1작은술), 당면 양념(진간장 4큰술)

1. 당면은 미지근한 물에 30분 정도 불린다.
2. 달걀은 흰자와 노른자를 따로 나눠 풀어서 얇게 지단을 부친다.
3. 목이버섯은 따끈한 물에 불려서 먹기 좋은 크기로 뜯고, 표고버섯은 불려서 물기를 짜고 채 썬 다음, 팬에 기름을 두르고 살짝 볶아 식힌다.
4. 꽈리고추는 반으로 갈라 씨를 털어 내고 채 썬 뒤에 살짝 볶는다.
5. 오이는 5~6cm 길이로 자르고 돌려 깎아 채 썬 후 달군 팬에 살짝 볶아 식힌다.
6. 시금치는 소금을 넣어 데친 다음 분량의 양념으로 무친다.
7. 쇠고기는 결 방향으로 채 썰어 양념한 뒤 볶아 식힌다.
8. 당면을 7~8cm 길이로 자른 후 끓는 물에 식용유 1큰술을 넣고 삶아 소쿠리에 건진 후, 당면에 진간장을 넣어 고루 무친다.
9. 큰 그릇에 당면과 고기, 채소 등 모든 재료와 달걀지단의 반을 함께 담고 양념을 넣어 버무린다.
10. 나머지 달걀지단과 잣가루를 고명으로 얹어낸다.

● 비빔밥

재료 | 흰밥 4공기, 쇠고기 200g, 고사리 100g, 도라지 100g, 콩나물 100g, 표고 4장, 오이 1개, 다시마 25cm, 달걀 2개, 소금, 참기름, 식용유, 고기 양념장(진간장 4큰술, 설탕 2큰술, 다진 파 2큰술, 다진 마늘 1큰술, 후춧가루 1큰술, 깨소금 1큰술, 참기름 1큰술), 나물 양념장(국간장 1큰술, 다진 파 2큰술, 다진 마늘 1큰술, 후춧가루 1작은술, 깨소금 1큰술, 참기름 2큰술), 알쌈(달걀 3개, 쇠고기 100g, 두부 30g, 소금, 식용유), 알쌈용 쇠고기 양념(진간장 1/2큰술, 다진 파 1큰술, 다진 마늘 1/2큰술, 깨소금 1큰술, 소금 1/2작은술, 참기름 1/2큰술) 볶은 고추장(고추장, 다진 고기, 참기름)

1. 쇠고기는 1/3은 곱게 다지고 2/3는 채를 썰어 양념장에 재둔다.
2. 표고버섯은 기둥을 떼고 채를 썰어 팬에 기름을 두르고 볶는다.
3. 고사리는 억센 줄기를 다듬어 내고 나물 양념장을 조금 넣어 볶는다. 콩나물을 냄비에 담고 소금과 기름을 조금 넣은 뒤 잠깐 덮어 볶아 낸다.
4. 도라지는 소금에 주물러 씻어 데친 다음 칼로 저미며 양념장에 무쳐 볶는다.
5. 오이는 반으로 갈라 어슷하게 썰어 소금에 절였다가 물기를 꼭 짜서 팬에 기름을 두르고 볶는다.
6. 다시마는 기름에 튀겨서 잘게 부순다.
7. 채 썰어 양념해 놓은 고기는 팬에 볶는다. 흰자는 지단을 부쳐 굵게 채 썬다.
8. 양념해 놓은 다진 쇠고기에 물기를 꼭 짜낸 두부를 섞어 도토리만큼 떼어 동그랗게 빚어 알쌈 소를 만든다.
9. 달군 팬에 기름을 두르고 달걀노른자를 한 숟가락 떠서 동그랗게 만들어 그 위에 알쌈소를 얹고 반을 접은 후, 가장자리를 꼭꼭 눌러 알쌈을 만든다.
10. 밥을 되직하게 지어 그릇에 담고 준비 된 모든 나물과 고기를 아롱다롱 모양있게 담는다. 알쌈을 위에 얹는다.
11. 볶은 고추장이나 양념장을 곁들여 낸다. 비빔밥의 고추장은 약고추장과 달리 조금 묽어야 한다.

새콤달콤 여름 요리

호박꽃탕

재료 | 호박꽃 8송이, 쇠고기(우둔살) 100g, 표고버섯 2개, 느타리버섯 3개, 달걀 2개, 밀가루 2큰술, 실파 10g, 쇠고기 양념(다진 파 2큰술, 다진 마늘 1큰술, 후춧가루 1/4작은술, 깨소금 1큰술, 참기름 1큰술, 소금 1작은술), 장국(쇠고기(양지머리) 100g, 물 5컵, 국간장 1큰술, 소금 1/2작은술), 소금 적당량

1. 호박꽃은 꽃잎이 활짝 벌어진 것보다는 덜 피어 오목한 봉오리로 준비한다. 흐르는 물에 가볍게 씻어 거꾸로 세워 놓고 물기를 뺀 뒤 꽃잎이 찢어지지 않도록 가위로 수술을 자르고 꽃받침을 뗀다. 줄기는 1cm 정도만 남기고 잘라 낸다.
2. 냄비에 핏물을 뺀 양지머리와 물을 넣고 끓여 육수를 만든 뒤 국간장과 소금을 넣고 간을 한다.
3. 쇠고기는 곱게 다지고, 표고버섯은 미지근한 물에 불려 기둥을 떼어 낸 뒤 물기를 짜고 곱게 채 썬다. 느타리버섯은 모양이 부서지지 않도록 소금에 절여 가볍게 씻은 뒤 결결이 찢는다.
4. 큰 대접에 쇠고기와 느타리버섯, 표고버섯을 담고 고기 양념을 넣어서 조물조물 주무른다.
5. 실파는 너무 크거나 길지 않은 것으로 준비하여 뿌리와 흰 부분을 잘라 내고 씻은 뒤 소금에 살짝 절여 헹군다.
6. 손질한 호박꽃의 안쪽에 밀가루를 살짝 바른 다음 꽃송이를 거꾸로 들고 가볍게 흔들어 여분의 밀가루를 털어 낸다.
7. 호박꽃에 양념한 소를 2/3정도 채워 넣는다. 절인 실파로 꽃잎을 오므려 묶어 주머니 모양을 만든 뒤 밀가루를 묻히고 달걀을 풀어서 씌운다.
8. 냄비에 장국을 붓고 끓이다가 호박꽃을 띄운다. 꽃이 동동 떠오르기 시작하면 남은 달걀을 조금 높이 들고 줄처럼 이어지도록 돌려가면서 붓고 가볍게 끓여 낸다.

구절판

재료 | 쇠고기(우둔살) 200g, 표고버섯 30g, 석이버섯 20g, 숙주 150g, 오이 2개(100g), 당근 1개, 달걀 4개, 고기·버섯 양념(간장 2큰술, 다진 파 1큰술, 다진 마늘 1/2큰술, 깨소금 1큰술, 설탕 1/2큰술, 참기름 1/2큰술, 후춧가루 1/4작은술), 밀전병(밀가루 1컵, 소금물(물 1컵, 소금 1/2작은술)), 겨자초장(겨자 작은술, 식초 1큰술, 진간장 1큰술, 육수(물) 1큰술, 설탕 1/2은술), 초간장(잣가루 1/2큰술, 식초 1과 1/2큰술, 진간장 1과 1/2큰술), 그 밖에(참기름 적당량, 소금 적당량, 잣가루 조금, 식용유 적당량)

1. 밀가루는 멍울 없이 잘 풀리도록 체에 쳐서 소금물을 붓고 묽게 갠 다음 다시 고운체에 걸러 반죽을 만들어 둔다.
2. 쇠고기는 결대로 최대한 가늘게 채 썰고, 달걀은 얇게 황백 지단을 부쳐 채 썬다.
3. 석이버섯과 표고버섯은 따뜻한 물에 불린 뒤, 석이버섯은 바락바락 비벼 씻어 이끼를 손질하고 표고버섯은 기둥을 뗀 후, 물기를 꼭 짜고 각각 곱게 채 썬다.
4. 오이와 당근을 손질하여 5cm 길이로 자른다. 오이는 슬쩍 겉껍질을 벗긴 후 속껍질만 돌려 깎아서 곱게 채 썰고, 당근은 곱게 채 썰어 끓는 소금물에 살짝 데친다.
5. 숙주는 통통한 것으로 골라 머리와 꼬리를 떼고 씻은 후, 끓는 소금물에 살짝 데친 뒤 면 보자기로 물기를 없앤다.
6. 쇠고기, 표고버섯, 석이버섯은 각각 고기·버섯 양념으로 버무려서 물기 없이 볶는다.
7. 오이와 당근, 숙주는 각각 소금과 참기름을 넣어 심심하게 간한 뒤 살짝 볶아 한 김 식힌다.
8. 약한 불로 달군 팬에 기름을 두르고 키친타월로 가볍게 닦아 낸 다음, 1의 밀가루 반죽을 한 숟가락씩 떠 얹고 숟가락 뒷면으로 동그라미를 그리며 얇게 펴서 밀전병을 부친다.
9. 구절판의 가운데에 잣가루를 사이사이 뿌려 가며 밀전병을 담고, 밀전병 주변으로 준비한 8가지 재료를 색을 맞춰 빙 둘러 담는다. 겨자초장과 초간장을 곁들여서 입맛에 맞게 먹도록 한다.

수박화채

재료 | 수박 1/4통, 잣 1큰술, 얼음 적당량, 찹쌀 새알심(찹쌀가루 1과 1/2컵, 녹말 약간, 소금 1/4작은술, 끓는 물 2큰술), 화채 국물(설탕 1/2컵, 꿀 2큰술, 물 3컵)

1. 찹쌀가루에 소금을 섞어 고운체에 내린 다음 끓는 물을 넣고 익반죽한다.
2. 찹쌀반죽으로 지름 1.5cm의 새알심을 빚은 뒤 녹말을 묻혀 끓는 물에 삶는다. 얼음물에 헹궈 물기를 빼고 차게 둔다.
3. 수박은 둥근 숟가락(또는 스쿠프)으로 동그랗게 떠 냉장고에 차게 둔다. 얼음도 동그란 모양의 틀에 물을 붓고 얼린다.
4. 냄비에 분량의 재료를 넣고 화채 국물을 끓여 한 김 식힌 후 냉장고에 차게 둔다. 화채 그릇에 수박, 새알심, 얼음을 담고 차갑게 한 화채 국물을 넉넉하게 부은 다음 통잣을 띄워 낸다.

과실편

재료 | **앵두편** 앵두 1컵, 물 1컵, 설탕 1컵, 소금 1/4작은술, 녹말 물(녹두녹말 5큰술, 물 1/3컵), 배 1/2쪽, 웃기용 앵두 조금 **포도편** 포도 1컵, 물 1컵, 설탕 1/2컵, 소금 1/4작은술, 녹말 1/3물(녹두녹말 5큰술, 물 1/3컵) **살구편** 살구 400g, 물 1컵, 설탕 1컵, 소금 1/4작은술, 녹말 물(녹두녹말 5큰술, 물 1/3컵)

1. 앵두는 으깨지지 않도록 가볍게 흔들어 가며 씻고, 포도는 알알이 떼어 씻는다. 살구도 깨끗이 씻는다.
2. 냄비에 앵두와 물을 넣고 색이 충분히 우러나오도록 푹 끓인다. 고운체로 건진 앵두를, 체 밑에 큰 그릇을 받친 다음 주걱으로 으깨어 과즙을 만든다. 포도와 살구도 같은 방법으로 물을 붓고 끓인 다음 체에 으깨어 과즙을 만든다.
3. 대접에 녹말을 넣고 물을 부어 가며 저어 녹말 물을 만든다.
4. 앵두 과즙을 냄비에 붓고 설탕, 소금을 넣어 밑이 눌지 않도록 주걱으로 저으면서 졸인다. 거품을 걷은 뒤 녹말 물을 조금씩 흘려 넣고 약한 불에서 저어 가며 뭉근하게 졸인다. 포도와 살구 과즙도 같은 방법으로 졸인다.
5. 네모나게 각진 그릇에 과실편이 들러붙지 않도록 물기를 묻힌 다음, 걸쭉한 상태가 된 과즙을 쏟아서 굳힌다. 묵처럼 탄력 있게 굳으면 2cm×3cm 크기에 0.7cm 두께로 얄팍하게 썰어 과실편을 만든다.
6. 배를 같은 크기로 썰어 접시에 담고, 그 위에 과실편을 얹은 뒤 남은 앵두를 예쁘게 올린다.

풍성한 가을 요리

송편

재료 | 반죽(멥쌀 5컵(가루 10컵), 데친 쑥 50g, 끓는 물 3/5컵, 소금 1큰술), 녹두소(껍질 벗긴 녹두 1컵, 소금 1/2작은술, 설탕 1큰술), 밤소(밤 8개, 설탕 1/2큰술, 소금 1/2작은술, 계핏가루 약간), 콩소(풋콩 1/2컵, 소금 1/2작은술, 설탕 1큰술), 깨소(껍질 벗긴 1/2 컵, 꿀 1/2작은술, 소금 1/2작은술, 설탕 1/2큰술), 그 밖에(참기름 적당량, 솔잎 적당량)

1. 멥쌀은 깨끗이 씻어 물에 10시간 정도 불린 뒤 소쿠리에 건져 물을 뺀다. 가루로 빻아 체에 내린 뒤 2등분하여 따로따로 놓는다.
2. 끓는 물에 소금을 푼 뒤 떡가루 중 일부에 조금씩 부으면서 되직하게 익반죽하면서 오래 치대어 차지게 한다. 반죽에 젖은 면 보자기를 덮어 마르지 않도록 놓는다.
3. 데친 쑥은 물기를 꼭 짜 곱게 칼로 다진 뒤 남은 떡가루에 넣고 파란 물이 들도록 비벼 가면서 고루 섞는다. 끓인 소금물을 붓고 같은 방법으로 익반죽해 젖은 면 보자기로 덮어 놓는다.
4. 껍질 벗긴 녹두는 물에 충분히 불려 찜통에 찐 뒤 소금, 설탕을 넣고 조그만 절구에 살짝 찧어서 녹두소를 만든다. 밤도 푹 삶아 껍질을 벗기고 빻아 소금, 설탕, 계핏가루를 섞어 밤소를 만든다.
5. 참깨는 물에 불려 껍질을 벗기고 씻어서 볶은 후 꿀, 소금, 설탕을 넣고 간을 맞춰 깨소를 만든다. 풋콩도 껍질을 까 깨끗이 씻은 뒤 소금과 설탕을 넣고 버무려 콩소를 만든다.
6. 흰 반죽이나 쑥 반죽을 밤톨만큼씩 떼어 둥글게 굴린 뒤 엄지손가락으로 가운데를 눌러 살짝 파이게 한 다음, 소를 골라 넣는다. 반죽을 반달 모양이 되게 반으로 접고 풀어지지 않도록 가장자리를 꼭꼭 눌러 가며 예쁘게 송편을 빚는다.
7. 시루나 찜통에 솔잎을 깨끗이 씻어 깔고 송편을 가지런히 얹은 다음 다시 솔잎을 얹는다. 솔잎 위에 떡을 얹고 솔잎을 덮는 방법으로 떡을 올려 찐다.
8. 떡이 말갛게 익으면 찜통에서 꺼내어 찬물에 재빨리 씻어서 소쿠리에 건진 뒤 참기름을 발라 한 김 식힌다.

◉ 섭산적

재료 | 쇠고기(우둔살) 300g, 두부 1/2모, 잣가루 1큰술, 식용유 적당량, 양념장(진간장 3큰술, 설탕 2큰술, 다진 파 1큰술, 다진 마늘 1큰술, 깨소금 1큰술, 참기름 1큰술, 후춧가루 조금)

1. 쇠고기는 밝은 선홍색의 살코기로 준비하여 힘줄을 잘라 내고 곱게 다진다.
2. 두부는 신선한 것으로 준비하여 흐르는 물에 씻는다. 면 보자기에 싸 물기를 꼭 짠 뒤 덩어리가 없도록 곱게 으깬다.
3. 큰 대접에 곱게 다진 쇠고기와 으깬 두부를 넣고 분량의 양념장을 넣은 뒤 조물조물 주무르면서 치댄다.
4. 양념한 고기를 5~6cm 크기로 동글납작하게 빚어 고기 반대기를 만든다.
5. 고기 반대기에 칼로 자근자근 칼집을 낸다.
6. 석쇠에 기름을 바르고 달군 뒤 반대기를 얹어 지글지글 윤기 나게 굽는다. 접시에 담고 잣가루를 뿌린다.

◉ 매작과

재료 | 밀가루 3컵, 소금 1/2작은술, 생강즙 1과 1/2작은술, 잣가루 2큰술, 식용유 5컵, 꿀 1컵, 그 밖에(물 조금, 잣가루 조금, 계피가루 조금)

1. 밀가루에 소금을 넣고 체에 내린다. 생강즙과 물을 넣고 말랑하게 반죽하여 비닐에 싸서 30분 정도 둔다.
2. 반죽을 얇게 밀어서 가로 3.5cm×세로 7cm 정도의 직사각형 모양으로 잘라 가운데에 내 천(川)자로 칼집을 세 군데 넣는다. 이때 가운데는 길게 양 옆의 것들은 그 보다 짧게 낸다.
3. 반죽 조각의 한쪽 끝을 가운데 칼집 사이로 집어넣고 잡아 빼어서 가운데가 꼬이도록 모양을 만든다.
4. 식용유가 150℃ 정도가 되면 모양을 낸 반죽을 넣고 튀겨서 접시에 담는다. 꿀을 높이 들고 실처럼 가늘게 떨어뜨리면서 골고루 뿌린 다음, 잣가루나 계피가루를 뿌린다.

5. 매작과는 매잡과 혹은 타래과라고 부르기도 한다.

따끈따끈 겨울 요리 ◆◆◆◆◆

◉ 배추김치

재료 | 배추(中) 10포기(20kg), 굵은 소금(절임용) 5컵, 소금물(물 20ℓ, 굵은 소금 5컵), 소(무 4개(4kg), 갓 1단, 미나리 2단, 쪽파 1단, 대파 4대, 마늘 1컵, 생강 1/4컵, 생새우 2컵, 황석어젓 1컵, 새우젓 1컵, 고춧가루 3컵), 김칫국물(황석어젓국 1/2컵, 소금 1컵, 물 4ℓ)

1. 배추는 들어 보았을 때 묵직하고 길이가 짧으며 잎이 얇고 연한 녹색을 띠는 것, 안쪽을 향해 잎이 모여 있는 것으로 준비해 지저분한 겉잎을 떼어 낸다. 밑동에 칼집을 넣고 손으로 쪼갠 뒤 다시 10~15cm 정도로 칼집을 넣는다.
2. 분량대로 소금물을 만들어 배추를 적신 뒤 차곡차곡 포개 놓으면서 뿌리 쪽부터 굵은 소금을 뿌리고 남은 소금물을 고루 끼얹는다. 중간 중간 위아래를 바꿔 가며 7~8시간 정도 절인 다음 흐르는 물에 여러 번 씻고 소쿠리에 건져 물기를 뺀다.
3. 무는 싱싱한 무청이 붙어 있고 잔털이 적은 것으로 준비한다. 무청은 배추 절인 물에 숨이 죽도록 절이고, 무는 껍질째 깨끗하게 씻어 길이 6cm, 너비 0.3cm로 채 썬다. 미나리는 잎을 떼어 손질하고, 갓과 쪽파도 손질하여 4~5cm 길이로 썬다. 대파는 어슷하게 썰고, 마늘과 생강은 곱게 채 썬다.
4. 생새우는 몸에 탄력이 있는 싱싱한 것으로 준비하여 연한 소금물에 두 번 정도 헹군 뒤 물기를 뺀다. 새우젓은 자근자근 다지고, 황석어젓은 대가리를 떼어 낸 뒤 토막 낸다.
5. 넓은 그릇에 무채를 넣고 고춧가루를 고루 뿌려 빨갛게 버무린 뒤 미나리, 갓, 쪽파, 대파, 마늘과 생강, 실고추, 생새우, 새우젓, 황석어젓 등을 넣고 다시 한 번 고르게 버무리면서 간이 맞는지 확인한다.
6. 배춧잎 사이사이에 버무려 놓은 소를 고르게 펴 넣고 배추 겉잎으로 감싼 뒤 항아리에 차곡차곡 담아 손으로 꾹꾹 누른다. 절여 놓은 무청을 씻어 물기를 꼭 짜 배추 위에 덮고 큰 돌로 눌러 준다.
7. 준비한 분량의 황석어젓국과 물, 소금을 한데 끓여 김칫국을 만든 다음 식혀서 이틀 뒤 김치에 붓는다.

◉ 떡볶이

재료 | 가래떡 400g, 쇠고기(우둔살) 100g, 표고버섯 10g, 목이버섯 10g, 당근 50g, 애호박고지 10g, 양파 50g, 미나리 20g, 은행 10개, 달걀 1개, 잣 1큰술, 참기름 적당량, 양념장(진간장 3큰술, 다진 파 1큰술, 다진 마늘 1/2큰술, 설탕 2큰술, 후춧가루 약간, 깨소금 1큰술, 참기름 1큰술), 떡 양념(진간장 3큰술)

1. 가래떡은 적당히 굳은 것으로 준비해 2~3cm 길이로 자른 뒤 네 쪽을 낸 다음, 더운 물에 씻은 뒤 진간장에 버무려 놓는다.
2. 쇠고기는 곱게 채 썬 뒤, 양념장을 넣고 주무른다. 이때 양념장을 반 정도 남겨 둔다.
3. 표고버섯과 목이버섯은 미지근한 물에 불려 손질한 뒤 참기름에 볶는다.
4. 당근은 가래떡 모양으로 썰어 데친다. 양파는 굵게 채 썰고, 미나리는 4cm 길이로 썬다. 호박고지는 더운 물에 주물러 씻어서 물기를 꼭 짠다. 이때 큰 것은 반으로 썬다.
5. 달걀은 흰자와 노른자를 각각 지단을 부쳐 채 썰고, 은행은 기름 두른 팬에 소금을 넣고 볶아 껍질을 벗긴다.
6. 냄비에 고기를 볶다가 표고버섯과 목이버섯, 당근, 양파, 호박고지

에 양념장을 고루 버무려 한데 볶는다. 여기에 떡과 미나리, 나머지 양념장을 넣고 뒤적이면서 윤기 나게 볶는다.
7. 그릇에 떡볶이를 담고 은행, 잣, 지단을 먹음직스럽게 얹어 낸다.

🟤 장

재료 | 메주콩 1말, 굵은 소금 1말(8kg), 마른 고추 5개, 참숯 5개

1. 누런 메주콩은 잡티를 골라 낸 다음 물에 씻어 불린다.
2. 솥에 물을 넉넉히 붓고 메주콩을 푹 삶아 건져서 뜨거울 때 절구에 넣고 찧는다.
3. 찧은 메주를 목판에 옮겨 네모난 모양으로 두툼하게 빚은 다음, 큰 널판에 나란히 세워 놓고 햇볕에 말린다.
4. 메주가 꾸덕꾸덕 마르면 하나씩 짚으로 묶어 바람이 잘 통하는 따뜻한 방에서 띄워 메주 표면에 곰팡이가 생기도록 2~3개월 둔다.
5. 곰팡이가 생긴 메주를 솔로 문질러 깨끗이 씻은 다음 햇볕에 바짝 말린다.
6. 독에 메주를 넣고 염도계 비중 19로 소금물을 붓고 이틀 정도 메주가 동동 뜨도록 둔다.
7. 마른 고추와 참깨, 빨갛게 피어오른 참숯을 텀벙 넣고, 흰 망사를 씌운 다음 뚜껑을 덮는다.
8. 맑은 날씨에는 뚜껑을 열어 놓고, 궂은 날씨에는 뚜껑을 닫아 놓으며 40일 이상 숙성시킨다.
9. 검은 국물이 우러나 간장이 되면 체에 밭쳐 거른다.
10. 간장을 거르고 남은 메주는 손으로 부스러뜨린다.
11. 찧은 메주를 독에 넣고 단단히 누른 다음 굵은 소금을 뿌리고 망사를 씌운 뒤 뚜껑을 덮는다. 6개월 정도 숙성하면 된장이 된다.

🟤 만두

재료 | 만두피(밀가루 4와 1/2컵, 소금 1/2작은술, 물 1컵), 만두소(쇠고기 우둔살 200g, 표고버섯 3개, 오이 1과 1/2개, 두부 1/4모, 숙주 50g, 잣 1큰술, 달걀 1개), 소 양념(소금 큰술, 후춧가루 작은술, 다진 파 1큰술, 다진 마늘 1큰술, 청장 1/2큰술, 깨소금 1큰술, 참기름 1큰술), 달걀 1개, 육수 적당량, 초간장(잣가루 1/2큰술, 식초 1과 1/2큰술, 진간장 1과 1/2큰술)

1. 밀가루는 소금을 넣고 물을 조금씩 부어 가며 말랑하게 반죽해 젖은 면 보자기로 덮어 놓는다.
2. 쇠고기는 곱게 다지고 표고버섯은 미지근한 물에 불려 채 썬 뒤 팬에 볶아 식힌다. 오이도 5cm 길이로 돌려 깎아 채 썰어 소금에 절인 뒤 물기를 꼭 짠다.
3. 두부는 면 보자기에 싸 물기를 짜면서 곱게 으깨고, 숙주는 살짝 데쳐 물기를 짜고 잘게 썬다.
4. 쇠고기, 표고버섯, 오이, 두부, 숙주에 양념을 넣고 달걀을 깨뜨려 버무려 소를 만든다.
5. 달걀의 흰자와 노른자를 나누어 각각 지단을 부친 뒤 마름모꼴로 썬다.
6. 반죽을 밤톨만큼씩 떼어 밀대로 동그랗게 민 다음, 소를 가운데 얹고 잣을 2~3알씩 얹은 뒤 오므려 주름을 잡으면서 붙인다.
7. 육수를 끓여 만두를 넣고 익어 동동 떠오를 때까지 끓인다.
8. 그릇에 국물과 함께 담아 지단을 띄우고 초간장을 곁들인다.

🟤 만둣국

재료 | 만두피(밀가루 2컵, 물 1/2컵, 소금 1/2작은술), 장국(쇠고기(양지) 100g, 청장 1큰술, 다진 마늘 1/2큰술, 후춧가루 조금, 참기름 1/2큰술, 물 5~6컵, 소금 약간), 만두소(배추김치 1/4포기, 쇠고기(우둔살) 100g, 두부 1/4모, 숙주 100g, 배추속대 100g, 무 150g, 달걀 1개), 소 양념(소금 1작은술, 다진 파 1큰술, 다진 마늘 1큰술, 후춧가루 1/4작은술, 국간장 1/2큰술, 참기름 1/2작은술, 소금 1작은술), 그 밖에(달걀 1개, 대파 1대, 잣 조금, 후춧가루 조금)

1. 밀가루는 소금을 넣고 물을 조금씩 부어 가며 반죽한 뒤 젖은 면 보자기에 싸 둔다.
2. 양지머리는 송송 썰어 분량의 양념을 한 뒤 냄비에 볶다가 물을 붓고 끓여 장국을 만든다.
3. 배추김치는 약간 신 것으로 소를 대충 털어 내고 송송 썰어 물기를 짠다. 우둔살은 곱게 다지고, 두부는 면 보자기에 싸 물기를 꼭 짜면서 으깬다.
4. 끓는 소금물에 숙주, 배추속대, 채 썬 무를 각각 데쳐 물기를 꼭 짜고 송송 썬다.
5. 움푹한 그릇에 배추김치와 다진 고기, 두부, 숙주, 배추속대, 무를 담고 소 양념을 넣어 버무린다. 여기에 달걀을 깨뜨려 넣고 주물러 끈기가 생기도록 한다.
6. 반죽을 밀대로 밀어 지름 7cm 크기로 동그랗게 모양을 뜬다. 소를 밤톨만 하게 떠 얹고 잣 두 개를 올린 뒤 양 귀퉁이에 구멍을 조금씩 남기고 반달 모양으로 접는다.
7. 달걀은 흰자와 노른자로 각각 지단을 부쳐서 작고 네모지게 썰고, 대파는 어슷하게 썬다.
8. 끓는 장국에 만두를 넣고 익혀 동동 떠오르면 대접에 담는다. 어슷하게 썬 대파와 지단을 얹고 후춧가루를 뿌린다.